Les mo...

Elizabeth Carney
Texte français de Marie-Josée Brière

■SCHOLASTIC

Pour Patrick, Brendan, Brian et Nora. Contrairement aux momies, nos éclats de rire ne vieilliront jamais. — E.C.

Catalogage avant publication de Bibliothèque et Archives Canada

Carney, Elizabeth, 1981-
[Mummies. Français]
Les momies / Elizabeth Carney ;
texte français de Marie-Josée Brière.

(National Geographic kids)
Traduction de : Mummies.
ISBN 978-1-4431-4750-7 (couverture souple)

1. Momies--Ouvrages pour la jeunesse. I. Titre.
II. Titre: Mummies. Français

GN293.C3714 2015   j393.3   C2015-902678-4

Édition publiée par les Éditions Scholastic, 604, rue King Ouest, Toronto (Ontario)
M5V 1E1 avec la permission de National Geographic Society.

5 4 3 2 1   Imprimé au Canada 119   15 16 17 18 19

Références photographiques :

Page couverture : © Todd Gipstein/Musée national, Lima, Pérou/NationalGeographicStock.com; 1, 32 (au milieu, à droite) : © DEA/S. Vannini/DeAgostini Picture Library/Getty Images; 2 : © ancientnile/Alamy; 5 (deux photos) : © Christina Gascoigne/Robert Harding Picture Library Ltd./Alamy; 6 : © Marwan Naamani/AFP/Getty Images; 7 : © O. Louis Mazzatenta/NationalGeographicStock.com; 8 : © British Museum/Art Resource, NY; 9, 32 (au milieu, à gauche) : © Glen Allison/Photographer's Choice/Getty Images; 10-11 : © Robin Weaver/Alamy; 12 : © Vienna Report Agency/Sygma/Corbis; 13 : © MARKA/Alamy; 14-15 : © Marc DeVille/Getty Images; 16 : © South American Pictures; 17 : © Enrico Ferorelli; 18-19 : © Illustration de Kimberly Schamber; 20 : © Kenneth Garrett/National Geographic/Getty Images; 21 : © AP Photo/Ric Francis; 22 : © Time Life Pictures/Getty Images; 23 (en haut) : © Robert Harding World Imagery/Getty Images; 23 (à droite) : © Stapleton Collection/Corbis; 24 : © Erich Lessing/British Museum/Art Resource, NY; 25 (en haut) : © Alistair Duncan/Dorling Kindersley/Getty Images; 25 (en bas) : © Carl & Ann Purcell/Corbis; 26, 27 : © Musée de la province du Hunan; 29, 32 (en bas, à gauche) : © University College Museum, Londres, R. U./The Bridgeman Art Library; 30, 31 : © Ira Block/NationalGeographicStock.com; 32 (en haut, à gauche) : © Shutterstock; 32 (en haut, à droite) : © Dr Fred Hossler/Visuals Unlimited/Getty Images; 32 (en bas, à droite) : © Bojan Brecelj/Corbis.

Table des matières

Surprise!

Un fermier travaille dans son champ
marécageux. Sa pelle frappe un objet dur.
Il découvre un cadavre noirci.

Le fermier voit des cheveux, des dents et
même des empreintes digitales. Il appelle
la police. On dirait bien que l'homme
est mort récemment. Mais en réalité,
le cadavre a plus de deux mille ans!
C'est une momie.

L'homme de Grauballe, découvert dans une tourbière marécageuse

Qu'est-ce qu'une momie?

Normalement, tout ce qui meurt se décompose. Les insectes, les animaux sauvages et les bactéries mangent les corps en décomposition.

Une momie, c'est un cadavre qui ne se décompose pas.

La momification peut se faire de deux façons.

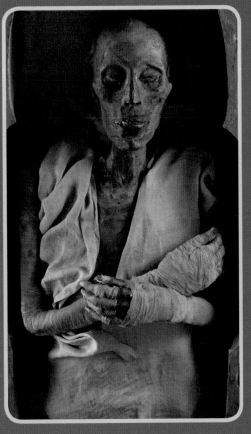

On peut fabriquer des momies en se servant de produits chimiques qui tuent les bactéries.

Mais si un cadavre se trouve au bon endroit au bon moment, il peut aussi se momifier naturellement. N'importe quel corps peut alors devenir une momie!

À savoir

BACTÉRIES : Minuscules organismes vivants qu'on ne peut voir qu'à l'aide d'un microscope.

SE DÉCOMPOSER : Pourrir ou se désintégrer.

Les momies naturelles

L'homme de Lindow, momie retrouvée dans une tourbière

Q Qu'est-ce qui est tout seul, mais qui se promène en bandes?

Une momie! **R**

Les bactéries qui mangent les cadavres ne survivent pas bien dans les endroits très froids ni dans les endroits chauds et secs ni dans les tourbières. On a découvert des momies au sommet de montagnes où il fait très froid, et dans des déserts où il fait très chaud.

Les tourbières sont des endroits humides, semblables à des marécages. Les momies des tourbières sont parfois tellement bien conservées que des scientifiques ont déjà trouvé du gel dans les cheveux d'un homme mort il y a très longtemps!

À savoir

TOURBIÈRE : Région marécageuse où poussent des plantes appelées « mousses ». À cause de ces mousses, les bactéries ont de la difficulté à survivre.

9

En voyant le visage de cet homme, on croirait qu'il dort. Mais il n'est pas mort paisiblement.

Cette momie des tourbières a été découverte au Danemark avec une corde autour du cou. Les scientifiques croient que l'homme a été tué pendant une cérémonie religieuse.

Les restes de son dernier repas, de
la soupe aux légumes mangée il y a
2 300 ans, sont encore dans son estomac.

L'homme
de Tollund

Ötzi

En 1991, deux randonneurs ont trouvé le cadavre d'un homme congelé dans les montagnes entre l'Italie et l'Autriche. L'homme aurait été assassiné il y a environ 5 300 ans! Cette momie, baptisée Ötzi, est l'une des plus anciennes jamais découverte.

Ötzi portait une cape et des chaussures de cuir. Mais quand les scientifiques ont examiné son corps de plus près, ils ont fait une découverte étonnante. L'homme avait une pointe de flèche en pierre plantée dans l'épaule. Ötzi s'était fait tirer dans le dos! Qui a bien pu l'assassiner il y a plus de 5 000 ans, et pourquoi? Ce mystère n'a jamais été résolu!

Voici à quoi ressemblait peut-être Ötzi de son vivant.

Les momies créées par l'homme

On fabrique des momies depuis des milliers d'années. Dans bien des cultures, on croyait que l'esprit des gens survivait après leur mort.

À savoir

CULTURE : Ensemble des croyances et des coutumes partagées par un groupe de personnes.

Q Pourquoi est-ce que les momies ne marchent pas?

R Parce qu'elles sont toutes en camion! (Toutânkhamon)

On pensait que les esprits auraient besoin de certaines choses dans la vie après la mort. C'est pourquoi les momies étaient parfois enterrées avec des armes, des bijoux, de la nourriture, ou même la momie d'un animal de compagnie.

La façon de fabriquer des momies était différente selon les cultures. À certains endroits, on séchait les corps avec du sable ou de la fumée. Ailleurs, on les conservait grâce à des produits chimiques.

Les Chinchorros étaient probablement
les premiers à momifier leurs morts.

Des momies datant de 7 000 ans ont
été retrouvées! Ce sont les plus anciennes
momies créées par l'homme jamais
découvertes.

Les Chinchorros momifiaient tous les gens qui mouraient, des bébés aux vieillards. Ils couvraient leur visage avec un masque d'argile et peignaient ensuite les momies d'un noir brillant.

Les Chinchorros ont disparu il y a environ 3 000 ans. Ces étranges momies sont tout ce qui reste de leur culture.

À savoir

MOMIFIER : Traiter un cadavre pour éviter qu'il se décompose.

Comment fabriquer une momie

1

2

POUMONS   FOIE

Les embaumeurs enlevaient d'abord les organes comme les poumons et le foie.

Ils retiraient le cerveau pa le nez avec un grand crochet.

3

Ils lavaient le corps et le couvraient de sels.

4

Ils laissaient ensuite sécher le corps pendant 40 jours.

5

Puis, ils frottaient la momie avec des huiles parfumées.

6

Pour finir, les embaumeurs enveloppaient la momie dans des bandes de toile.

Un trésor fabuleux

Les Égyptiens de l'Antiquité ont fabriqué des millions de momies. En 1922, un scientifique, appelé Howard Carter, a fait une découverte éblouissante en Égypte. En jetant un coup d'œil dans une tombe plongée dans l'obscurité, il s'est rendu compte qu'elle était remplie d'or.

Il venait de découvrir
le tombeau de
Toutânkhamon!
Ce roi égyptien est
mort il y a plus de
3 300 ans, à l'âge de
18 ans.
Et il a été enterré
avec un trésor d'une
valeur inestimable. Ce
magnifique tombeau
a rendu la momie de
Toutânkhamon la plus
célèbre du monde.

TOMBEAU : Tombe,
pièce ou édifice qui
contient le corps
d'une personne morte.

La malédiction de la momie

Howard Carter dans le tombeau
du roi Toutânkhamon

Après la découverte du tombeau de Toutânkhamon, les gens de partout ont voulu en savoir plus sur le jeune roi. Beaucoup d'histoires ont circulé à son sujet, mais elles n'étaient pas toutes vraies.

Peu après l'ouverture du tombeau, un membre de l'équipe qui l'avait découvert est mort. Certaines personnes ont affirmé que le jeune roi avait jeté une malédiction sur le tombeau.

Les momies d'animaux

Dans l'Antiquité, les Égyptiens ne momifiaient pas seulement des humains. Ils fabriquaient aussi beaucoup de momies d'animaux!

Les animaux de compagnie étaient parfois momifiés et enterrés avec leurs propriétaires. Les Égyptiens pensaient en particulier que les chats étaient très spéciaux. Parfois, quand un chat mourait, toute la famille était en deuil.

Les Égyptiens momifiaient aussi des chiens, des crocodiles, des singes et des oiseaux. Ils croyaient que ces animaux plaisaient aux dieux.

ÊTRE EN DEUIL : Ressentir ou exprimer de la tristesse après la mort d'une personne ou d'un animal.

Jolie momie

La Dame de Daï était une riche Chinoise. Elle est morte il y a plus de 2 000 ans.

Son cadavre a été traité avec du sel. En absorbant l'eau, le sel empêche la décomposition. Son corps a ensuite été enveloppé dans 20 épaisseurs de soie.

Voici à quoi ressemblait peut-être la Dame de Daï.

La Dame de Daï a été placée dans un nid formé de six cercueils magnifiquement peints. Et elle a été enterrée au fond d'un tunnel creusé profondément dans le sol.

arce qu'elle va
peler sa bande
a rescousse!

Le tombeau a été scellé avec de l'argile et de la boue. Des ouvriers l'ont découvert en 1972. Le corps de la Dame de Daï était tellement bien conservé que sa peau et ses cheveux étaient encore souples.

Les momies modernes

La fabrication de momies n'est pas seulement un phénomène des temps très anciens. Il y a aussi des gens célèbres qui ont été momifiés plus récemment.

Le philosophe anglais, Jeremy Bentham, est mort en 1832. Il voulait que son corps serve à la science. Des étudiants ont donc retiré ses organes internes et momifié sa tête. Ils ont ensuite habillé son squelette. On peut toujours le voir en Angleterre!

Des secrets dévoilés

Les momies ne parlent pas. Mais elles peuvent quand même nous dévoiler bien des secrets sur le passé. Les scientifiques qui les étudient examinent tout ce qui se trouve à l'intérieur et autour d'elles.

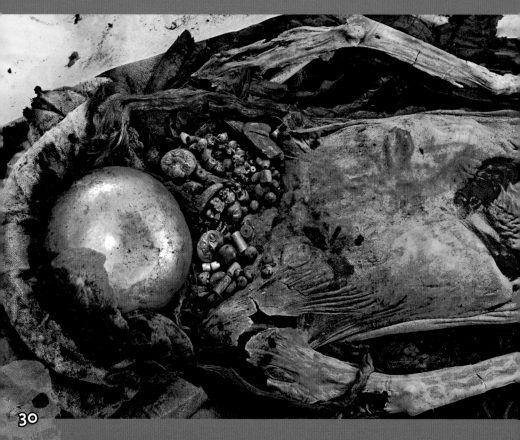

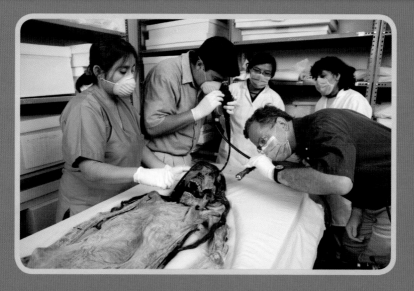

Les aliments qui restent dans l'estomac des momies nous indiquent ce que les gens mangeaient. Les os brisés donnent une idée de leur vie, et parfois des circonstances de leur mort. Les scientifiques examinent aussi les vêtements des momies et les objets enterrés avec elles.

Toutes les momies fournissent des indices sur la religion et le mode de vie des gens décédés. En un sens, ce sont des machines à remonter le temps.

Elles ouvrent des fenêtres sur le passé.

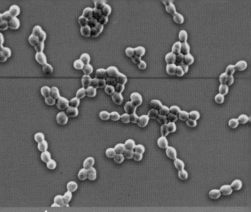

SE DÉCOMPOSER
Pourrir ou se désintégrer.

BACTÉRIES
Minuscules organismes vivants qu'on ne peut voir qu'à l'aide d'un microscope.

TOURBIÈRE
Région marécageuse où poussent des plantes appelées « mousses ». À cause de ces mousses, les bactéries ont de la difficulté à survivre.

TOMBEAU
Tombe, pièce ou édifice qui contient le corps d'une personne morte.

MOMIFIER
Traiter un cadavre pour éviter qu'il se décompose.

CULTURE
Ensemble des croyances et des coutumes partagées par un groupe de personnes.